WENEJA TURAN

Die Rückkehr der Naturdevas

Botschafter der Erde und des Lichts

NEUE ERDE

Zum Geleit

Die Naturdevas mit ihren Botschaften für uns Menschen wollen wieder zurück in unser Bewußtsein – in die sichtbare Dimension. Durch die Bilder dieses Buches sollen die Fähigkeiten der Menschen wieder geweckt werden, die Mutter Erde und die Naturwesen wahrzunehmen, zu spüren und zu fühlen, zu respektieren und wieder im Einklang damit zu leben. Die Naturdevas sind multidmensional, anpassungsfähig an die Wahrnehmung des Menschen und oftmals losgelöst von Bäumen und Pflanzen, da sie uns größere Zusammenhänge, Entwicklungs- und Erdprozesse verdeutlichen wollen.

Die Bilder sind durch intuitives Fotografieren an besonderen Kraftorten entstanden, an denen sich die Devas in einer außergewöhnlichen Fülle und Vieldimensionalität zeigen. Durch Spiegelungen werden neue Dimensionen und Zusammenhänge sichtbar, die wir Menschen durch die uns selbst auferlegten Grenzen im Sehen, Spüren und Fühlen oft nicht wahrnehmen können. Zu jeder Hälfte gibt es ein Gegenstück, das gefunden werden muß, damit wir die Einheit und die größeren Zusammenhänge erkennen können, und die Multidimensionalität der Devas lehrt uns, daß es nicht nur eine Sicht der Dinge gibt. Jeder wird für sich ganz individuelle Symbole, Wesen oder Botschaften entdecken. Die Devas nehmen den Menschen an dem Punkt mit auf die Reise, an dem er sich gerade befindet. Dies spiegelt die Genialität der Naturdevas wider, die individuell sein und zugleich das große Ganze zeigen kann.

Die Natur ist viel größer, viel perfekter und kreativer als wir Menschen denken und wahrnehmen können. Die Devas wollen uns aufmerksam machen auf die vielen beseelten Zwischenebenen und Existenzen, auf den Reichtum, die Schönheit der Mutter Erde und ihre Weisheit. Die Devas wirken auf ihre ganz eigene Weise und berühren die Herzen der Menschen auf ihre eigene Art.

Weneja Turan

Weneja Turan
Die Rückkehr der Naturdevas

1. Auflage 2008

Titelseite:
Foto: Weneja Turan
Gestaltung: Dragon Design, GB,
nach Vorgaben der Autorin

Satz: Dragon Design, GB
Gesetzt aus der Berkeley

Gesamtherstellung:
L.E.G.O. S.p.A., Vicenza (VI)

Printed in Italy

ISBN 978-3-89060-273-8

FSC
Mix
Produktgruppe aus vorbildlich bewirtschafteten Wäldern und anderen kontrollierten Herkünften
Zert.-Nr. SGS-COC-2939
www.fsc.org
© 1996 Forest Stewardship Council

Neue Erde GmbH · Cecilienstr. 29 · 66111 Saarbrücken · Deutschland · Planet Erde · www.neueerde.de

Inhalt

Das Kollektiv der Naturwesen

Wir zeigen uns hier, um euch zu erklären, wie wir Naturwesen zusammenleben und miteinander verbunden sind. Unsere Stimme spricht als ein kollektives Bewußtsein. Obwohl wir eine Vielzahl einzelner Wesen sind, sind wir alle miteinander verbunden und können uns euch zusammen als eine Stimme mitteilen. Meist wird unsere Gemeinschaft beschützt von Wächtern. Wir existieren auf verschiedenen Ebenen, die alle miteinander verwoben sind. Jedes einzelne Wesen bildet den Übergang und die Grundlage für das andere. Wir durchdringen und vernetzen uns. Oft scheint es so, als würde ein »höheres Wesen« noch über den »kleineren Wesen« schweben. Eine Hierarchie, wie ihr sie kennt, gibt es bei uns nicht, doch könnt ihr solch »übergeordnete Wesen« als unser Gruppenbewußtsein ansehen – als die Essenz, die uns als Gruppe innewohnt. Damit unterstützen wir uns gegenseitig und sind mit der Essenz und dem Bewußtsein aller anderen Wesen verbunden. Somit gibt es nicht nur »ein Bild«, das ihr von uns sehen könnt. Wir zeigen uns euch in unzähligen Varianten, um euren Blick und eure Wahrnehmung zu öffnen. Wir sind vielschichtig und mehrdimensional und fußen auf den Gesetzen der heiligen Geometrie. Durch uns könnt ihr die heilige Geometrie, die in der Natur und damit um euch herum vorhanden ist, sehen. Um uns für eure Wahrnehmung zu manifestieren, zeigen wir uns in einer Mischung aus menschlichen, tierischen und für euch phantastischen Zügen – doch unser Blick und unsere Augen werden euch immer treffen. Je öfter ihr schaut, desto mehr werdet ihr von uns entdecken! Öffnet euer Bewußtsein für Farben und Formen, und ihr werdet uns erkennen!

Herzlicht-Deva

Die Wächter der Eichen öffneten dir das Tor und geben den Blick frei auf mich.
Beschützt und bewacht bin ich von vielen anderen Naturwesen.
Als Göttin zeige ich mich dir und habe eine Botschaft,
die die Herzen der Menschen erreichen soll:
Schaut in euch und entdeckt euer leuchtendes Herz.
Entdeckt das Licht in euch! Ein strahlendes mächtiges Herz schlägt in euch und
wartet darauf, in die Welt hinauszuleuchten.
Das Herz ist euer Zentrum des Lichts und eure Verbindung zu Mutter Erde.
Verbindet den Himmel und die Erde und laßt diese Energie, dieses Licht durch euer
Herz hinaus in die Welt strahlen. Ihr Menschen habt eine Aufgabe, die es zu erfüllen gilt!
Nutzt die Kraft und Stärke der Mutter Erde,
verbindet euch mit diesem Zentrum – dem Herzen der Erde.
Seht, welche Kraft, Liebe und unermeßlicher Frieden in ihr steckt.
Dies alles ist sie bereit, an euch weiterzugeben.
Ihr seid der Schlüssel zu diesem universellen Herzen – schließt es auf!

Der Hüter des Tores zwischen den Welten

Ich bin der Hüter des Tores zwischen den Welten, ich mache euch möglich, was unmöglich erscheint.
Ich bin eine Verbindung zwischen den Dimensionen und möchte euch sagen, daß es noch andere Bewußtseinsebenen gibt, die ihr erreichen könnt.
Euer irdisches alltägliches Leben mag eine Seite sein – und sie ist durchaus notwendig –,

doch, wie ihr seht, stehe ich bereits auf der anderen Seite und warte auf euch.
Ich schaffe eine Verbindung zwischen beiden Welten, die es nicht zu geben scheint, und doch ist sie wirklich, erschaffen in eurem Bewußtsein. Es liegt an euch, zu kommen, ich warte auf euch, wann immer ihr bereit seid.
Eine andere Welt aus Frieden, Harmonie, Glück und Fülle wartet auf euch!
Seid ihr bereit?

Der Baumengel-König

Ich als Baumengel möchte euch willkommen heißen in unserem Naturreich des Lichts.
Wir freuen uns, daß ihr gekommen seid, und umarmen euch mit unserem Licht.
Laßt euch einhüllen in unser Licht, so daß ihr es als Schutzhülle
mit zurück in euer irdisches Leben nehmen könnt.
Seid dadurch gestärkt, um euren Alltag zu meistern. Mit dem Schutz unseres Lichts seid ihr gefeit
vor negativen Angriffen. Seid gesegnet!

Licht- und Schatten-Deva

Ich existiere durch das Zusammenspiel von Licht und Schatten,
und das ist auch meine Botschaft an euch:
In eurem Leben wird immer beides existieren, das eine kann ohne das andere nicht bestehen.
Die Dualität dürft ihr erfahren, und ihr habt sie selbst für euch gewählt.
Erkennt eure Licht- und Schattenseiten, beide müssen gelebt werden.
Nur wer den Schatten kennt, kann auch das Licht sehen.
Entdeckt die Dualität und welche Möglichkeiten darin liegen.
Dadurch werdet ihr in Harmonie leben.
Licht und Schatten sind die Harmonie und euer innerer Frieden.
Erst durch den Schatten konnte ich ins Licht treten.
In mir sind beide vereint!

Der Pulsschlag der Erde

Tief eingebettet bin ich in Mutter Erde und bin eins mit ihr geworden.
Ich bin mit dem Pulsschlag der Erde verschmolzen, der mir Ruhe und Frieden spendet.
Ich bin schon lange hier, um diese Kraft zu spüren, die stetig aus dem Innern der Erde
nach außen dringt und auch von euch wahrgenommen werden kann.
Werdet eins mit der Natur und taucht in sie ein,
damit ihr den Pulsschlag der Erde fühlen und hören könnt.

Das Herz der Erde

Es ist an der Zeit, euch das Herz der Erde zu zeigen.
Versucht, euch mit dem Herzen, das ihr überall in der Natur finden könnt, zu verbinden
und die mächtige Kraft zu spüren, die es ausstrahlt.
Mag ich auch hier zerbrechlich und zart aussehen, meine Kraft liegt in einer
nicht sichtbaren, sondern fühlbaren Dimension, die ihr entdecken müßt.
Tief verbunden bin ich mit allen Wesen der Erde.
Mein Herzschlag ist die Resonanz auf die Liebe, die zu mir zurückkommt in dem Augenblick, in
dem ihr sie entdeckt. Die Wesen der Natur beschützen und nähren mich.
Nun warte ich, daß auch ihr Menschen mich entdeckt!

Deva der Transformation

Meine Transformation hat
bereits begonnen…
Bevor ich meine sterbliche und verletzte
Baumhülle verlassen muß, um mich in
reinstes farbiges Licht zu verwandeln,
habe ich eine letzte Botschaft für euch:
Genau wie ich im Moment sterbe, ist auch die
Erde dabei von euch Menschen ausgebeutet
und zerstört zu werden.
Sie wird sterben, wenn ihr euch nicht eurer
Handlungen bewußt werdet. Macht euch
deutlich, was ihr Mutter Erde bereits durch
eure Trennung von ihr angetan habt, und macht
euch die Folgen auf die Erdatmosphäre und das
Klima deutlich. Es ist noch nicht zu spät!
Seht die Verletzlichkeit der Erde und
das große Loch in ihrem Schutzmantel,
für das ihr verantwortlich seid.
Die Engel der Erde versuchen verzweifelt,
die Auswirkungen eures Handelns noch zu
bezähmen, so daß euer Leben noch
weiterexistieren kann, doch sie warten
verzweifelt auf eure Unterstützung.
Nutzt eure letzte Chance!
Meine Transformation hat bereits begonnen
– und eure?

Heilige Steine

Wir zeigen euch dies, damit euch die Kraft der Steine wieder bewußt wird.
Wir als scheinbar tote Materie sind lebendige Zellen der Mutter Erde,
gespeist mit Informationen aus Jahrmillionen, und stammen vom Ursprung.
Wir kommen aus dem Innern der Erde ans Licht.
Nutzt die Kraft der Steine und findet die Weisheit der Omphalos.
Wir tragen Wesen und Wissen in uns und warten darauf, von euch entdeckt zu werden!

Die Kraft der Pyramide

Ich habe mich hineinbegeben ins
Innere der Pyramide, um euch zu
zeigen, wie ihr die mächtigen Kräfte
nutzen könnt.
Verbindet euch mit der Spitze der
Pyramide und fühlt die gebündelten
Kräfte und Möglichkeiten, die dort
wirken.
Die Spitze ist ein Kanal zum Hinaus-
und Hinabströmen aller Kräfte, die ihr
nutzen oder zur Verfügung stellen wollt.
Die Flußrichtung könnt ihr selbst
bestimmen. Der Kanal wird von mächti-
gen Wesen geschützt, habt keine Angst.
Durch die Pyramide könnt ihr Himmel &
Erde, Welt & Kosmos, Schatten & Licht
miteinander verbinden.
Dies ist uraltes, universelles Wissen.
Ladet euch auf oder stellt eure
Energie zur Verfügung.
Alles ist möglich!

Deva der Leichtigkeit

Ich habe mich hier in den Zweigen versteckt und lebe ein beschütztes Leben der Leichtigkeit.
Nehmt euch ein Beispiel an mir. Ihr habt die Leichtigkeit verdient und dürft sie leben.
Ich habe mich von allem Ballast befreit und mich auf das Wesentliche beschränkt,
das ich zum Leben brauche.
Macht euch frei von dem, was euch im Leben belastet.
Streift eure alten Kleider ab und macht euch durchlässig.
Es sind keine großen materiellen Dinge notwendig, um sein Glück zu finden.
Fühlt den Wind, der durch die Äste streicht, und laßt euch treiben in eurer inneren Freiheit,
die ihr jeden Augenblick in euch entdecken könnt. Es liegt an euch, eure Freiheit zu finden.
Seht, wie ich von Licht beleuchtet werde. Habt ihr eure innere Freiheit gefunden,
so werdet ihr auch euer Licht finden!

Der Leyline-Elf

Ich zeige mich euch auf einer sogenannten Leyline – einer Kraftlinie der Erde.
Ich als Hüter dieser Kraftlinie möchte euch offenbaren, daß Mutter Erde euch diese Kraftlinien und -orte zur Verfügung stellt und ihr sie jederzeit nutzen könnt.
Findet die Kraftplätze in eurer Umgebung und spürt in euch hinein. Spürt, wie ihr euch aufladen könnt mit kosmischer Energie.
Die Leylines transportieren für euch alle Arten von Schwingungen, Energie und Licht zu entfernten Orten und in andere Dimensionen.
Beschäftigt euch mit diesen Kräften der Erde und mit den Möglichkeiten, die darin stecken.
Macht sie euch zunutze!

Die kosmische Ordnung der Natur

Selbst im Stadium der Zerstörung, zeigen wir euch, daß die kosmische Ordnung
der Natur über allem steht und unzerstörbar ist.
Selbst im scheinbaren Chaos gibt es ein System und ein Leben der Wesenheiten.
Es gibt immer eine Form, die existiert – immer einen Weg und Ausweg.
Die Naturgewalten werden benutzt, um euch euren Weg im Chaos zu zeigen.
Die kosmische Ordnung der Natur ist noch viel größer und mächtiger und steht über allem.
Ihr Menschen könnt euren Lebensraum vernichten, Pflanzen und Tiere ausrotten,
doch die kosmische Ordnung der Natur kann nicht zerstört werden
und wird immer eine Lebensform finden.
Jeder Grashalm, jeder scheinbar zufällig herumliegende Zweig,
jedes Blatt hat seinen Platz in der kosmischen Ordnung der Natur.

Die Königin des Lichtwassers

Majestätisch zeige ich mich euch,
um euch die Botschaft des Wassers zu überbringen.
Ich wurde gesandt, um euch über die Kostbarkeit
des Wassers zu erzählen.
Wasser ist eure Lebensgrundlage – das vergeßt ihr viel zu oft.
Es ist Lichtträger und heiliges Element – ein Geschenk der Mutter Erde,
ohne das ihr nicht existieren könnt.
Sie gibt es gerne, doch dürft ihr nicht achtlos damit umgehen.
Viel Wissen ist inzwischen über die Möglichkeiten des Wassers in
euer Bewußtsein gedrungen. Nutzt diese Informationen, um Wasser
aufzuladen und auf eine höhere Schwingungsebene zu bringen.
Ihr könnt viel bewirken und verändern,
wenn ihr euer Bewußtsein darauf ausrichtet.
Mutter Erde macht euch dieses Geschenk mit reinem Herzen,
macht euch bewußt wie groß und wertvoll dieses Geschenk ist
und achtet es ebenfalls mit reinem Herzen!
Die Eigenschaften des Lichtwassers sind Geben,
Nehmen und Transportieren.
Ihr dürft es nehmen als Träger für Informationen
und ebenso zur Reinigung und Transformation.
Übergebt dem Wasser die Schwingungen, die ihr loswerden wollt.
Mutter Erde wird solches Wasser aufnehmen und verwandeln.
Macht euch bewußt, daß Mutter Erde
das reine Lichtwasser zur Verfügung stellt.
Ihr Menschen seid es, die es oft mißbrauchen und negativ verändern.
Das Lichtwasser richtig zu nutzen, liegt in eurer Hand.
Ich taufe euch mit dem Licht des Wassers!

Die Wächter der Taten

Wir zeigen uns euch mit strengem, wissendem Blick.
Wir sind die für lange Zeit verstummten Wächter eurer Taten.
In uns könnt ihr viele weise und wissende Wesen erkennen.
Wir alle sind Zeugen der Taten der Menschheit und beobachten euch schon lange Zeit.
Wir sehen und speichern alles Gute und Schlechte.
Wir sind keine Richter, denn eure Gerechtigkeit müßt ihr unter euch Menschen selbst finden und leben.
Doch seid euch bewußt um die kosmischen Gesetze des Ausgleichs.
Lebt im Einklang mit euch und der Natur, dann werden wir uns bald auch lächelnd zeigen!

Deva des Lichts

Ich bin einer der unzähligen Devas des Lichts, die euch begleiten.
Ich zeige mich euch groß und mächtig, damit ihr erkennt, mit welch großen Lichtkanälen wir verbunden sind
und wie viel Licht wir euch und der Welt zur Verfügung stellen können.
Wir warten nur auf eure Zustimmung, Offenheit und Bereitschaft und freuen uns
auf unsere gemeinsame Zukunft mit euch.
Zusammen können wir viel bewirken!

Der Friedenskrieger des Klangreiches

Ich habe eine für eure Augen außergewöhnliche, majestätische Rüstung angelegt, damit ich die Macht des Klanges aushalten kann.
Ich komme aus einem entfernten Königreich – einem Klangparadies im Innern der Erde.
Dort diene ich in einer mächtigen Klangpyramide der Menschheit und dem Kosmos.
Die Macht des Klanges ist uraltes kosmisches Wissen und kann große Dinge bewirken. Durch meine Pyramide und das, was ich dort tue, wird ein großer Kreislauf aus Regenbogenlicht geschlossen, der euch Menschen auf der Erde unterstützt.
Meine Klangpyramide steht in Resonanz zu anderen Pyramiden im Kosmos und auf der Welt. Dadurch unterstützen und bewegen wir eure Entwicklungen auf der Erde und die Geschehnisse im Universum.
Noch kann ich euch nicht all mein Wissen offenbaren, denn ein Stück des Weges müßt ihr selbst gehen, doch möchte ich euch unterstützen, die vielen Dimensionen und die Wirkung des Klanges und der Schwingungen für euch zu entdecken!
Seid gesegnet!

Deva der Weiblichkeit

Aus dem Herzen der Mutter Erde geboren, bin ich aufgestiegen, um mich zu zeigen.
Bewacht und beschützt werde ich von mächtigen Lichtwesen.
Ich bin die Göttin der Weiblichkeit, die euch eure Schöpferkraft, das Wunder des Lebens und der Wiedergeburt zeigt.
Ich hüte die Maske des Todes und der Wiederauferstehung.
In mir entsteht neues Leben, und mit jedem Akt der Schöpfung in reiner Liebe darf auch ich wachsen.
Mein ätherischer Körper besteht aus Lichtbahnen und wird genährt von der Liebe der Mutter Erde.
In diesem Gral ruht mein Geist, der alles Leben beseelt.

Der Hüter der Naturgewalten

Meine Aufgabe ist es, euch vorzubereiten auf eine turbulente Zeit, die vor euch liegt.
Ihr wißt, daß Stürme und Naturgewalten eure Zukunft begleiten werden,
denn dies sind die Auswirkungen eures Tuns der Vergangenheit.
Dies wird notwendig sein, um euch den Weg in die neue Einheit zu zeigen,
um eure Wertschätzung wieder zu erwecken und um zu eurer wahren Natur zurückzugelangen.
Vertraut in diesen Augenblicken eurem eigenen Licht und eurer leuchtenden Flamme, dann werden ihr geschützt sein.
Für viele andere ist dieser heftige Prozeß der Bewußtwerdung notwendig
und nur auf diesem Wege zu erlangen.

Die heilige Flamme

Seht, wie sie brennt, die heilige Flamme, und wie ihr Licht und ihre Energie den Mikrokosmos erleuchtet.
Die Flamme des konzentrierten Lichts wird geschützt wie eine Reliquie in einem heiligen Gefäß und erlischt niemals.
Sie ist ein Symbol der Ewigkeit und des Mitgefühls – ein Lichtopfer, das für alle Lebewesen brennt.

Das Licht der Bäume

Wundert euch nicht, daß auch wir Lichtträger sind. Auch wir sind erleuchtete Wesen und tragen großes Wissen in uns. Wir warten schon lange darauf, daß ihr Menschen das erkennt. Unsere Heilkräfte und unsere Schönheit habt ihr bereits entdeckt, nun möchten wir euch auch mit unserem kraftvollen Licht begleiten. Nehmt es an!

Das kosmische Paar

Schaut uns an und laßt auf euch wirken, wie unsere Einheit euch durchströmt.
Wir beide haben die Dualität bereits überwunden und sind zu einer höheren Einheit verschmolzen.
In uns könnt ihr den weiblichen und männlichen Aspekt sehen,
der in Frieden, Harmonie und Liebe gleichwertig nebeneinandersteht.
Erst wenn beide Seiten ausgeglichen sind, kann eine höhere Einheit entstehen
und euer Sein auf eine neue Ebene heben.
Eine Vereinigung und Verschmelzung muß in eurem Bewußtsein stattfinden.
In der wahren Form ergänzt sich das weibliche und männliche Sein zu einem neuen Bewußtsein.
Dies zu erkennen ist euer Weg!

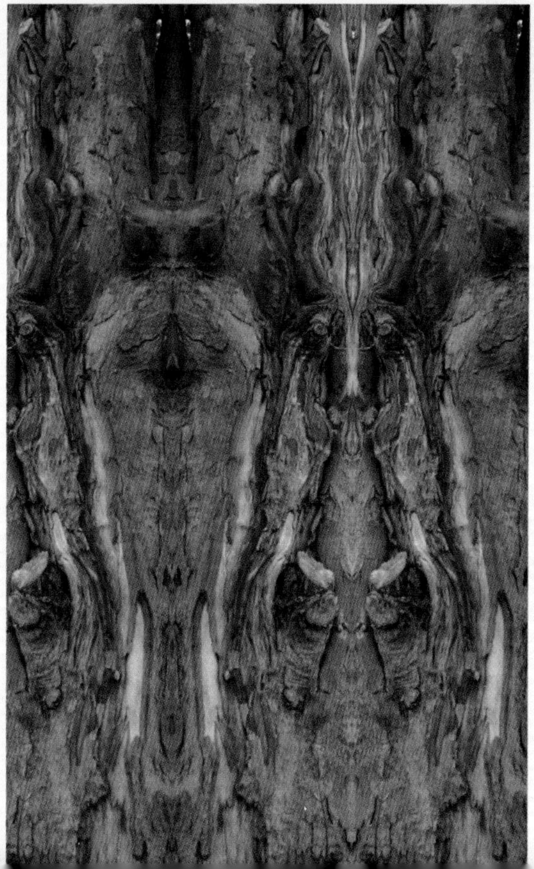

Der Weg ins neue Zeitalter

Es liegt noch ein Stück des Weges vor euch und viele Dinge, die es noch zu tun gilt.
Doch wenn ihr bereit seid, werdet ihr ihn bald erkennen, den Weg des Lichts, der euch in eine neue Zeit führt.
Eine neue Erde wartet auf euch!
Viele Lichtwesen werden euch auf diesem Weg begleiten und euch die Richtung weisen.
Am Ende seht ihr ein Tor zum Kosmos. Zu entdecken, was hinter ihm verborgen liegt, hängt nur von euch ab.
Die Wahrhaftigkeit und das neue Paradies liegt in euch selbst!

Die Treppe eures Seelenweges

Als Wächter dieser Treppe prüfen wir all jene,
die auf ihrem Weg zurück in die Einheit der Zukunft sind.
Wie ihr seht, gibt es zwei Möglichkeiten, die ihr wählen könnt –
die Treppe führt hinauf oder hinunter.
Der Wächter des Erwachens gebietet euch Einhalt und prüft euch,
ob ihr bewußt für die Vereinigung eurer Wege bereit seid.
Stufe für Stufe müßt ihr den Weg der Erkenntnis gehen.
Stufe für Stufe werdet ihr euch des Weges zur Einheit bewußt,
der euch zum höchsten Licht eurer Seele führt.

Behüter der Lichtträger

Tief im scheinbar Dunklen verborgen weile ich
und bin verbunden mit den irdischen Lichtträgern.
Als Wesen der nächsten Dimension hüte,
stärke und nähre ich all diejenigen,
die durch ihr Licht auf andere strahlen.
Mein Licht und das höherer Dimensionen
fließt über irdische Lichtträger in eure Welt.
Auch ich bin nur Vermittler und Kanal
der göttlichen Quelle und diene dem großen Einen.
Erkennt die Lichtträger auf eurer Erde,
sie sind mitten unter euch und dafür verantwortlich,
das Gleichgewicht wieder herzustellen.
Badet in ihrem Sein, ladet euch auf mit Licht
und erwachet.

Die Seher des Herzens

Unsere geschlossenen Augen scheinen nichts zu sehen,
doch das ist für uns nicht notwendig. Unser Blick nach innen macht uns frei, mit dem Herzen zu sehen.
Unser Sein hat viele Möglichkeiten gefunden zu sehen und zu verstehen.
Wir leben nicht in Dunkelheit, sondern sind erfüllt von unserem inneren Licht und leben in innerer Fülle durch das,
was wir mit unserem Herzen sehen.
Wir tragen großen Reichtum und große Liebe in uns und sind verbunden mit allen, deren Herzen leuchten.

Deva der Weisheit & des Wissens

Viele Zeitalter der Erde habe ich durchlebt und bin durch viele Dimensionen und Universen gereist.
Als Botschafter bin ich nun für die Augen derer, die sehen und verstehen wollen, zur steinernen Materie geworden.
Wer den Eingang in unser Reich findet, muß reinen Herzens sein.
Ich habe Licht und Schatten, alle Dimensionen der Dualität erfahren – alles habe ich tief in mir zum großen Ganzen vereint und ruhe dadurch in mir selbst für alle Zeit.
Tiefer Frieden ist fest verankert in mir.
Ich habe schon lange zurückgefunden zur Einheit und bin verbunden mit allem, was ist.

ICH BIN Weisheit und Wissen.
ICH BIN Frieden.

Haltet Ausschau!

Unsere großen Freunde, die Botschafter der Erde, wurden vorausgeschickt,
um euch viele weise Dinge zu berichten und euch zu unterstützen.
Doch auch wir unzähligen kleineren Wald- und Naturwesen wünschen uns, von euch wahrgenommen zu werden.
Sprecht mit uns, nehmt Kontakt mit uns auf – auch wir haben euch viel zu erzählen!
Seid willkommen in unserem Reich des Lichts!